VENTE DU SAMEDI 19 FÉVRIER 1887

HOTEL DROUOT, SALLE N° 1

110 TABLEAUX ANCIENS

PRINCIPALEMENT DE L'ÉCOLE FRANÇAISE

Composant la Collection de M. D.....

PORTRAITS

De l'ÉCOLE FRANÇAISE

BUSTE EN MARBRE

Par BOUCHARDON

Appartenant à M. le Comte de FROHEN

COMMISSAIRE - PRISEUR

Me DELESTRE

27, rue Drouot, 27

EXPERT

M. B. LASQUIN

12, rue Laffitte, 12

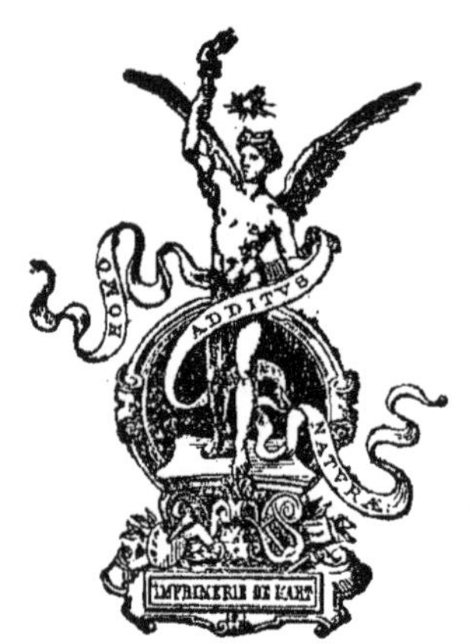

HOMO
ADDITVS
NATVRÆ
IMPRIMERIE DE L'ART

CATALOGUE

DE

110 TABLEAUX ANCIENS

PRINCIPALEMENT DE L'ÉCOLE FRANÇAISE

Composant la Collection de M. D...

PORTRAITS

Par Largillière, Latour et de l'École française

BUSTE EN MARBRE PAR BOUCHARDON

Appartenant à M. le COMTE DE FROHEN

DONT LA VENTE AURA LIEU

HOTEL DROUOT, SALLE N° 1

Le Samedi 19 Février 1887

A DEUX HEURES

Me DELESTRE	M. B. LASQUIN
COMMISSAIRE-PRISEUR	EXPERT
27, rue Drouot, 27	12, rue Laffitte, 12

Chez lesquels se trouve le présent Catalogue.

EXPOSITION PUBLIQUE

Le Vendredi 18 Février 1887, de 1 heure à 5 heures

CONDITIONS DE LA VENTE

Elle sera faite au comptant.

Les adjudicataires payeront *cinq pour cent* en sus des enchères.

Paris. — Imp. de l'Art. E. Ménard et J. Augry
41, rue de la Victoire, 41

DÉSIGNATION

PORTRAITS

Appartenant à M. le comte de Frohen

BOUCHARDON

1 — *Buste en marbre blanc du maréchal de France comte de Lowendal.*

Représenté la tête nue, légèrement tournée à gauche, revêtu de la cuirasse et portant le grand cordon de l'ordre du Saint-Esprit en sautoir.

Grandeur naturelle.

LARGILLIÈRE (Nicolas)

2 — *Portrait de la maréchale de Lowendal.*

En buste, de face, chevelure bouclée, corsage blanc brodé d'or et garni de dentelle.

Les épaules recouvertes d'un manteau de velours bleu doublé de soie jaune d'ocre bro-chée d'argent.

Cadre ancien en bois sculpté.

Toile. Haut., 81 cent.; larg., 64 cent.

LATOUR

(Attribué à MAURICE-QUENTIN DE)

3 — *Portrait du maréchal de France comte de Lowendal.*

En buste, de face, chevelure poudrée, re-vêtu d'un habit de velours bleu avec collet et doublure de fourrure par-dessus la cuirasse.

Portant le grand cordon en sautoir et la plaque de l'ordre du Saint-Esprit.

Beau cadre de l'époque, en bois sculpté et doré.

Pastel.

Haut., 65 cent.; larg., 52 cent.

LATOUR (Attribué à)

4 — *Portrait de la duchesse de Niver-nais.*

Représentée en buste, presque de face, l'épaule gauche decouverte. Elle tient un petit chien dans ses bras, caché en partie par un manteau bleu. Chevelure ornée de fleurs. Pastel.

Haut., 58 cent.; larg., 49 cent.

MIGNARD (Attribué à)

5 — *Portrait de la marquise de Sévigné.*

Représentée à mi-corps, en Pallas, revêtue de la cuirasse à écailles et tenant une lance de la main droite.

Toile. Haut., 1 m. 5 cent.; larg., 97 cent.

LARGILLIÈRE (École de)

6 — *Portrait de la comtesse de Schembeck.*

De face, en buste, coiffée d'une toque polonaise. Corsage rouge brodé, revêtu d'un manteau de velours noir doublé de fourrure.
Cadre ancien en bois sculpté; forme ovale.

Haut., 79 cent.; larg., 62 cent.

NATTIER (École de)

7 — *Portrait de la reine Marie Lec-
zinska.*

A mi-corps, légèrement tournée à droite,
revêtue d'une robe de velours rouge brodée
d'or et du manteau royal fleurdelisé qu'elle
retient de la main droite.

Devant elle, une console sur laquelle est
posée la couronne royale.

Toile. Haut., 79 cent.; larg., 63 cent.

TABLEAUX ANCIENS

Composant la Collection de M. D...

ALLORI (Cristoforo)

8 — *Sainte Agnès.*

BASSAN (Le)

9 — *La Vendange.*

BERGHEM (N.

10 — *Le Passage du gué.*

Une bergère portant un agneau, et suivie de son chien, fait passer un cours d'eau à un bœuf, une vache, deux chèvres et une brebis.
Jolie étude.
Cadre en bois sculpté.

Toile. Haut., 29 cent.; larg., 41 cent.

BESCHEY (Balthazar)

11 — *Le Festin de l'enfant prodigue.*

BLOEMAERT (Abraham)

12 — *Les Bergers.*

BONNET

13 — *Jeune Fille.*

En buste, la tête penchée à gauche.

BOUCHER (Attribué à)

14 — *Concert près d'une grotte, au bord de la mer.*

Esquisse.

BOUCHER (École de)

15 — *Buste de jeune femme.*

Pastel dans un cadre en bois sculpté.

BOUCHER (École de)

16 — *Le Galant Berger.* (Pastorale.)

BOUCHER (D'après)

17 — *Jeune Fille.*

En buste, enguirlandée de fleurs.

BRONZINO

18 — *Portrait de femme.*

De trois quarts, collerette tuyautée bordée de guipure.

BURCI (Emilio)
(1843)

19 — *Les Quais de l'Arno, à Florence.*

CAMPHUYSEN

20 — *Troupeau de vaches au bord de la mer.*

CHARDIN (Attribué à)

21 — *La Leçon de couture.*

22 — *Le Départ de l'écolier.*

Deux pendants.

CIGNANI (Carlo)

23 — *Bacchus et Ariane.*

CIGNANI (Carlo)

24 — *Vénus et Adonis.*

Pendant du précédent.

COYPEL (Attribué à Ch.)

25 — *Le Concert.*

CUYP (Attribué à)

26 — *Les Dunes de Scheveningen.*

Une foule de gentilshommes, de bourgeois et de paysans sont groupés au bord de la plage et assistent au départ d'une flotte.
Signé, à gauche : *A. C., 1636.*

DEBUCOURT

27 — *La Promenade du Palais-Royal.*

Pièce gouachée.

DEFRANCE DE LIÈGE

28 — *Conciliabule de savants devant une librairie des Pays-Bas portant pour enseigne :* A l'Égide de Minerve.

DE TROY (Jean-François)

29 — *Vénus assise.*

De profil à droite.

DOW (D'après)

30 — *Les Compteurs d'or.*

DROLLING

31 — *La Vertu en danger.*

Une jeune fille, assise sur un grabat, contemple une bourse contenant des pièces d'or et d'argent.
Cadre ancien sculpté.

DROUAIS (Attribué à)

32 — *Groupe de trois enfants.*

Représentés en pied, dans une pièce dallée de marbre.

DUBOIS (Signé)

(1771)

33 — *Portrait de jeune femme.*

Avec guirlande de roses au corsage.
Pastel.

DUCREUX (Attribué à)

34 — *Le Fumeur.*

DUPONT (Ernest)

35 — *Jeune Fille.*

En buste, dans la manière de Greuze.

DYCK (Philippe)

36 — *Vénus et l'Amour.*

EISEN

37 — *Enfant jouant avec une chèvre.*

ELZHEIMER (Adam)

38 — *L'Enlèvement des Sabines.*

Peinture sur ardoise.

ÉCOLE ALLEMANDE (xvie siècle)

39 — *Saint Jérôme.*

ÉCOLE ANGLAISE (xviiie siècle)

40 — *La Visite à la nourrice.*

Les Compliments du jour de l'an.

Deux pendants.

ÉCOLE ANGLAISE

41 — *Femme et Jeune Fille dans un parc.*

ÉCOLE ESPAGNOLE (xviie siècle)

42 — *L'Adoration du Sacré Cœur de Jésus.*

43 — *La Glorification de la Sainte Trinité.*

Deux peintures relevées de dorure.

ÉCOLE ESPAGNOLE

44 — *Les Dénicheurs d'oiseaux.*

ÉCOLE ITALIENNE

45 — *Une Sibylle.*

ÉCOLE ITALIENNE

46 — *La Crèche.*

ÉCOLE ITALIENNE

47 — Quatre petits dessus de portes : *Jeux d'enfants.*

ÉCOLE VÉNITIENNE

48 — *L'Adoration des Mages.*

ÉCOLE FLAMANDE

49 — *Vénus et l'Amour.*

ÉCOLE FLAMANDE

50 — *Hérodiade.*

Peinture sur ardoise.

ÉCOLE HOLLANDAISE

51 — *Paysage avec rivière traversée par un pont de pierre.*

ÉCOLE HOLLANDAISE

52 — *Paysage avec groupes de villageois et bateliers.*

ÉCOLE FRANÇAISE (xviiie siècle)

53 — *Portrait d'un artiste et de sa femme.*

ÉCOLE FRANÇAISE

54 — *La Jeune Mère.*

ÉCOLE FRANÇAISE

55 — *Jeune Fille tenant un oiseau.*

ÉCOLE FRANÇAISE (xviie siècle)

56 — *Scène de ballet.*

Peinture d'un éventail du temps de Louis XIV.

ÉCOLE FRANÇAISE

(Époque Louis XIII)

57 — *Portrait d'une dame de qualité.*

En buste, avec perles dans la coiffure.
Cadre en bois sculpté.

ÉCOLE FRANÇAISE

58 — *Portrait de femme.*

Fichu blanc, cheveux poudrés et ruban rose.
Forme ovale.

ÉCOLE FRANÇAISE

59 — *Portrait de femme.*

En robe blanche et ceinture bleue.
Pastel ovale.

ÉCOLE FRANÇAISE

60 — *Portrait de jeune femme souriant.*
Costume Louis XVI.

ÉCOLE FRANÇAISE

61 — *Portrait présumé de Lafayette.*
Pastel.

ÉCOLE FRANÇAISE

62 — *Portrait de femme.*
Robe bleue et écharpe jaune.

ÉCOLE FRANÇAISE (xiiie siècle)

63 — *Portrait de jeune fille.*

En buste, avec riche costume rose garni de
guipure.
Cadre Louis XIV, bois sculpté.

ÉCOLE FRANÇAISE

64 — *Portrait de jeune femme.*

En buste, en costume Louis XVI, montrant
un médaillon suspendu à son collier de
perles.

ÉCOLE FRANÇAISE

**65 — *Portrait de femme tenant une
corbeille de fleurs.***

Figure à mi-jambes.

ÉCOLE MODERNE

66 — *Étude de rochers.*

FRAGONARD

67 — *Petit Garçon.*

En buste.
Esquisse.

GASSER (L.)

68 — *Une Magnola.*

GREUZE

69 — *La Vertu en danger.*

Dessin plume et encre de Chine.

GREUZE (D'après)

70 — *Le Petit Espiègle.*

GIORDANO (D'après Luca)

71 — *Portrait d'une dogaresse.*

HOBBEMA (Manière de)

72 — *Les Moulins à eau.*

HÜET (Attribué à)

73 — *Amours.*

Deux dessus de portes.

ISABEY (Attribué à)

74 — *Portrait présumé de M. de Talleyrand.*

Représenté de grandeur naturelle, en costume de cour, assis devant une table couverte d'un tapis d'Orient.

INCONNU

75 — *L'Atelier des brodeuses.*

CRÉPIN

76 — *Paysages avec figures.*
Deux pendants.

LAGRÉNÉE

77 — *Jeune Fille.*

En buste, le sein découvert.

LANCRET (Manière de)

78 — *La Leçon de flageolet.*

LANCRET (Genre de)

79 — *Jeux d'enfants.*

LANCRET (Genre de)

80 — *La Main chaude.*

Cadre ancien sculpté.

LANCRET (D'après)

81 — *Le Gascon puni.*

LARGILLIÈRE (Attribué à)

82 — *Portrait de femme.*

Elle est représentée de grandeur naturelle, presque de face, assise dans le char de l'Aurore, la main appuyée sur un génie qui tient une torche.

Tableau d'un bel effet décoratif dans un cadre en bois sculpté.

LARPANTEUR

(1822)

83 — *Portrait d'une musicienne.*

Représentée en pied, en robe et chapeau noir, assise devant un guéridon sur lequel sont posés une guitare et un pupitre de musique.

LE BRUN

84 — *La Justice.*

Figure à mi-corps.

LE BRUN (Genre de Mme)

85 — *Portrait de jeune femme.*

Coiffée d'un feutre à plumes.
Pastel.

LEMOINE

86 — *Flore et Zéphir.*

LENAIN (Attribué à)

87 — *Portrait d'homme.*

A mi-jambes, en costume Louis XIII.

LOO (Van)

88 — *Portrait présumé du duc du Maine.*

En pied, en grand costume de cour.

LORRAIN (École de Claude)

89 — *Port de mer italien.*

Effet de soleil couchant.

MAGNASCO (Alexandre)

90 — *Le Partage du butin.*

MARATTE (Carle)

91 — *Jeune Femme jouant du luth.*

Costume somptueux.
Cadre italien en bois sculpté.

MARIO dit FIORI

92 — *Amours dans une guirlande de fleurs.*

MAZZOLINO (DE FERRARE)

93 — *Le Couronnement de la Vierge.*

MIGNARD (École de)

94 — *Jeune Dame.*

En buste, corsage bleu et manteau blanc.

MOMPER (JOSSE DE)

95 — *La Tour de Babel.*

MOUCHERON (Attribué à)

96 — *Paysage boisé avec figures.*

Tableau étoffé par un artiste moderne.

MURILLO (D'après)

97 — *L'Enfant Jésus sur la crèche.*

NATTIER (Attribué à)

98 — *Portrait présumé de Madame de Nesle.*

En buste, avec guirlande de fleurs en écharpe.

NATTIER (Genre de)

99 — *Figure allégorique de l'Été.*

NIEULANT (G. Van)

100 — *Fête dans un parc.*

Avec multitude de figures.

PATER (Attribué à)

101 — *Jeune Baigneuse surprise.*

PROCACCINI (Attribué à)

102 — *La Charité.*

RAPHAEL (École de)

103 — *Le Repos de la Sainte Famille.*

Bon tableau, qui a été aussi attribué au Pérugin.

RAOUX (Attribué à)

104 — *Jeune Fille.*

Accoudée sur une console, auprès d'un brûle-parfums.

RAOUX (Genre de)

105 — *Jeune Fille.*

Coiffée d'un chapeau de paille orné de fleurs des champs.

SAUVAGE

106 — *Amours endormis.*

Grisaille.

SCHALL (Attribué à)

107 — *Le Lever.*

Cadre en bois sculpté.

SOBLEO ou DESUBLEO

(Élève du Guide)

108 — *La Vanité.*

Tableau d'un coloris brillant.

TANNEUR

109 — *Une Plage.*

TASSAERT (Genre de)

110 — *Mendiant.*

Copie du Louvre.

TITIEN (D'après)

111 — *Portrait du duc d'Este.*

TRINQUESSE

112 — *Portrait de jeune femme.*

En costume Louis XVI, robe verte, fichu blanc, ceinture à médaillons et breloques.

VALLIN

113 — *Jeune Fille.*

En buste avec voile blanc.

VERFLASSEN (G.)

(1791)

114 — *Portrait de jeune femme.*

Avec costume à la Charlotte Corday.

VERNET (Attribué à)

115 — *Lancier au galop.*

Dessin.

VERTMULLER (Attribué à)

116 — *Portrait d'enfant.*

En buste, costume Louis XVI.

VESTIER

117 — *Portrait de jeune femme.*

Avec chevelure retenue par un ruban, robe
blanche à pans.

SCHALL

118 — *La Balançoire mystérieuse.*

Sujet gravé.

ÉCOLE FRANÇAISE

119 — *Vue d'une ville d'Italie.*

www.ingramcontent.com/pod-product-compliance
Ingram Content Group UK Ltd.
Pitfield, Milton Keynes, MK11 3LW, UK
UKHW031724170726
13836UKWH00001B/411